IMPRESSUM

Herausgeber
Sabine Dal Cero & Barbara Frank GbR

Texte, Bilder & Grafiken
Sabine Dal Cero & Barbara Frank

Umsetzung
Madeleine Ammann

Erschienen 2021

ISBN: 978-3-00-070085-9

Kontakt

Sabine Dal Cero & Barbara Frank GbR
Fahrionstraße 47c
70469 Stuttgart

info@rebuazrutan.com
rebuazrutan.de

Rebuazrutan

die Zauberbefreiungsanleitung

Sabine Dal Cero & Barbara Frank

Vor langer, langer Zeit...

... gab es eine Welt, in der alle Wesen in Frieden und Freundschaft zusammenlebten.
Die Fische flogen mit den Vögeln und Schmetterlingen durch die Luft. Die Kaninchen kraulten dem Wolf den Rücken und die Zwerge kochten am Feuer des Drachen.
Jede Vollmondnacht feierten sie zusammen ein riesiges Fest bis in die frühen Morgenstunden. Der Eisbär legte mit der Robbe einen flotten Tanz aufs Parkett. Die Chamäleons beleuchteten die Tanzfläche in schillernden Farben, der Frosch quakte zum Klappern der Störche wunderbare Melodien.
Noch heute kann man in Bäumen, deren Wurzeln und anderen Erscheinungen in der Natur diese Wesen finden.

Schau' dich mal um!

Manchmal muss man genau hinsehen. Vielleicht kannst du auf den Bildern in diesem Buch schon einiges entdecken.
Du hilfst durch befolgen der beigefügten Zauberbefreiungsanleitung dabei, dass für eine Vollmondnacht die Wesen an diesen Ort zurückkehren können um gemeinsam zu feiern.

Fest der verzauberten Wesen und die Erweckung zum nächsten Vollmond

Zauberbefreiungsanleitung inklusive Zaubersprüche
und Bilder für kleine und große Entdecker

Zauberbefreiungsanleitung

Welche Wesen kannst du entdecken?

Tiere
Giraffe, Wolf, Igel, Schlange, Fisch und alle anderen

Fabelwesen
Einhorn, Kobold, Troll, Elfe, Riese, Zwerg, Drache,...

Vergangene und zukünftige Wesen
Ritter, Saurier, Prinzen, Prinzessinnen, Aliens,...

Weitere
Alles, was du entdecken kannst.

Wo sind diese Wesen?

In Wurzeln, im Gebüsch oder in altem Holz,
wie auch in Blättern, Flechten, Pilzen oder Geäst

Wo sind die Wesen zu finden?

Im Park, Wald, Garten, Kindergarten, auf dem Schulweg –
kurz: in der Natur

Wer kann die Wesen entdecken?

Du

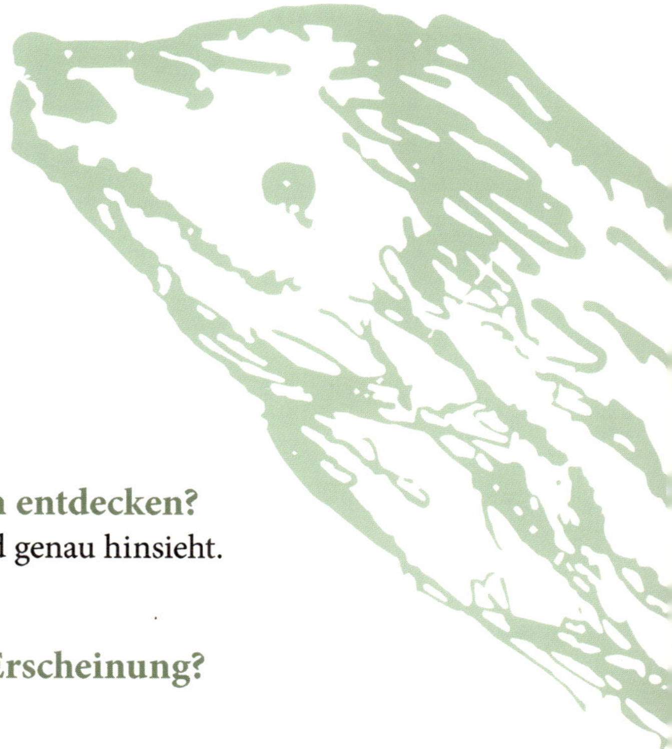

Wie kann man die Wesen entdecken?

Wenn man sich Zeit nimmt und genau hinsieht.

Wie treten die Wesen in Erscheinung?

In Gänze
In Teilen (Kopf, Schnauze, Pfote, Flosse, Gesicht,...)
Als Umriss
Als Fußabdruck
Nicht für jeden gleich, mancher erkennt etwas, mancher nicht.

Wie befreie ich die Wesen?

Sprich den Zauberspruch und folge den
gereimten Bewegungsanweisungen.

Kann der Zauber beobachtet werden?

Nein
Aber: Bei späteren Besuchen der Fundorte können veränderte,
andere oder keine Wesen mehr entdeckt werden.

Ergebnis nach erfolgreicher Anwendung der Zauberbefreiungsanleitung

Befreite Wesen feiern zum nächsten Vollmond in Abwesenheit
der Menschen ein ausgelassenes Fest.

Wal

Law, Law ud regihur Ginök red Ereem

Wanke hin und her,
wie die Wellen auf dem Meer.
Pruste dabei durch den Mund,
tu allen deine Freude kund.

Vor lauter Lachen auf dem Feste,
verschluckt der Wal kurz mal die Gäste.

Elefant

Tnafele, Tnafele tztirps tim menies Lessür

Stampfe auf den Boden, bis es bebt.
Zieh' an deinen Ohren, so fest es geht.
Schüttel' deinen Kopf ganz doll,
bis man dich fragt, was das denn soll.

Beim Fest – der Elefantenrüssel
landet in manch fremder Schüssel.

Giraffe

Effarig, Effarig tim menied negnal Slah

Streck' dich in die Höhe als würdest du was greifen,
bis deine Finger an hohen Blättern streifen.
Dann zieh' dich zusammen und mach' dich klein,
beides im Wechsel, denn das ist fein.

Beim Mondschein können alle rutschen,
wenn sie über die Giraffe flutschen.

Kolibri

Irbilok, Irbilok tremmilf ni red Ennos

Hüpfe wie ein Hampelmann
leicht und schnell wie man's nur kann.
Umarme danach einen Baum,
fühle die Rinde, es ist ein Traum.

Fängt ein Gast stark an zu hecheln,
kommt der Kolibri zum Luft Zufächeln.

Hai

Iah, Iah Rebuär mi Naezo

Bewege deinen Körper wie eine Welle.
Schwimm' mit den Armen auf der Stelle.
Atme dabei tief ein und aus,
musst du dabei husten, so lass' es raus.

Machen die Gäste lustige Possen,
klatscht der Haifisch mit seinen Flossen.

Krokodil

Lidokork, Lidokork tim nessorg Nenhäz

Bild' mit den Händen ein Maul und lass es klappen,
versuche dabei ein paar Blätter zu schnappen.
Aber nicht daran zupfen oder reißen,
das tut ihnen weh, als würdest du sie beißen.

Das Krokodil erzählt dann Witze,
das finden alle Gäste spitze.

Salamander

Rednamalas, Rednamalas
tlexark masgnal mi Zlöheg

Bewege dich in Zeitlupe, wie ein Raumfahrer im All.
Langsamer, langsamer, es ist kein Überfall.
Kommst du in die Sonne, wird es heller,
so wird die Bewegung sofort sehr viel schneller.

So kommt der Salamander bald schon zum Leben
und kann mit den anderen die Tassen heben.

Dino

Onid, Onid sua renref Tiezru

Mach' so große Schritte, wie dir möglich sind
und nicke dabei mit dem Kopf geschwind.
Vor, zurück und rundherum,
musst du lachen, sei es drum.

Wenn Dino zu wild auf dem Feste tanzt,
so mancher über seinen Rücken schanzt.

Oktopus

Supotko, Supotko Emra krats eiw trednuh

Lauf' achtmal um den Baum herum,
mach' dabei den Rücken krumm.
Bleib dann stehen und schwing' den Arm.
Heidadaus, jetzt ist dir warm.

Bei Mondschein wird der Oktopus erwachen
und mit acht Freunden Armdrücken machen.

Hund

Dnuh, Dnuh reuert Retielgeb

Hände auf den Kopf und spring' soweit es geht.
Achte darauf, dass der Wind dich nicht verweht.
Belle dreimal und wackele mit dem Po,
das machen Hunde ebenso.

Dann wird der Hund vor Lachen
beim nächsten Mondschein schnell erwachen.

Papagei

Iegapap, Iegapap tnub eiw nie Amsirp

Führ’ die Arme abwechselnd zum Gesicht.
Pass auf, berühre dich dabei nicht.
Tippelschritte zu beiden Seiten,
als würdest du auf einem Ästchen schreiten.

Dann schmückt der Papagei zum Feste
mit seinen Federn so manche Gäste.

Kobold

Dlobok, Dlobok ni renied Elhöhdre

Um den Baum im Schweinsgalopp
und dann machst du plötzlich stopp.
Setz’ nochmal ‘ne Runde drauf.
Kannst du’s auch im Rückwärtslauf?

Der Kobold wird dann alle necken
und sie beim Tanzen doll erschrecken.

Eule

Elue, Elue ni red Gnuremmäd

Zwanzig Schritte rückwärts und zehn quer.
Die Hände in die Hüften, das ist nicht schwer.
In Richtung des Baumes drei laute „Schuhuus“,
um sie sicher zu wecken, mach’ auch noch „Buhuus“.

Die Eule blinzelt beim Fest und lacht,
während sie das Treiben der Gäste bewacht.

Zwerg

Grewz, Grewz tim renies Eztümlefpiz

Hüpf’ und spring’ von Bein zu Bein.
Form’ die Hände zur Mütze, das muss sein.
Mache dich klein und dann ganz groß,
aber pass auf, sonst reißt die Hos’.

Und der Zwerg beim nächsten Feste
kocht für alle nur das Beste.

Elfe

Efle, Efle traz dnu lizarg

Öffne deine Arme und tanze im Kreise.
Blinzle fünfmal und lache dabei leise.
Jetzt tanze immer weiter fort und fort
und stell dir vor, du bist an einem verwunschenen Ort.

Die Elfe lässt beim Tanzen ihren Glitzerzauber fließen,
das lässt so manchen Gast beim Feste kräftig niesen.

Mammut

Tummam, Tummam Tnagig red Tiezsie

Greife an deine Waden und mach’ zehn Schritte.
Der Kopf zeigt nach unten, also achte auf deine Tritte.
Kommt dann ein Baum, so weiche ihm aus,
sonst tust du dir weh, das wär’ ein Graus.

Das Fest ist im Gange, der Mond scheint noch hell,
da zieht das Mammut schon Freunde aus dem Fell.

Adler

Relda, Relda Rerebuaz red Etfül

Geh' auf die Zehenspitzen und breite deine Arme aus.
Stell dir vor, du fliegst in die Welt hinaus.
Denke dir ein Seil und balanciere darauf,
nimm dabei auch einen Sturz in Kauf.

Dann, der Adler in der nächsten Vollmondnacht
am Himmel fliegend, über seine Freunde wacht.

Bär

Räb, Räb tettort gilletoz rehmu

Heb' die Hände hoch zu Klauen
und dabei auch grimmig schauen.
Stapf nach vorn und brumm dabei,
erschreck' niemanden, sonst ist's vorbei.

Der Bär drückt dann beim Vollmondfeste
manchmal vor Freude zu fest die Gäste.

Pferd

Drefp, Drefp efual eiw red Dniw

Such' dir einen Stock und reite im Galopp.
Kommt dabei ein Hindernis, einfach drüber und ruf „Hopp".
Dreimal links und dreimal rechts herum,
dabei wiehern wär' nicht dumm.

Und das Pferd, welche Pracht,
erscheint zur nächsten Vollmondnacht.

Katze

Eztak, Eztak etfnas Etofp

Kraule dein Bäuchlein rundherum.
Danach deinen Rücken und mach dich krumm.
Mach' vier Katzenbuckel und berühre deine Knie,
fauche dabei, ich hoffe, du weißt wie.

Im Mondschein schnurrt die Katze
und schlägt den Takt mit ihrer Tatze.

Löwe

Ewöl, Ewöl Tätsejam red Ennavas

Schüttel' deine Haare, als hättest du 'ne Mähne.
Gähne dabei und zeig' deine Zähne.
Schleiche dich an mit langsamen Schritten
und dann spring los mit großen Tritten.

Schwingt der Löwe beim Tanzen kräftig sein Fell,
fliegt sehr viel Staub, doch der verflüchtigt sich schnell.

Spinne

Ennips, Ennips Nireltsnük red Ierebew

Bewege dich wie eine Marionette am Faden.
Ganz stacksig und starr, das kann ja nicht schaden.
Dann denke dir, die Fäden würden sich lösen
und klapp zusammen als würdest du dösen.

Die Spinne schwingt von Gast zu Gast,
ganz souverän, ganz ohne Hast.

Magier

Reigam, Reigam Tsimehcla red netsre Ednuts

Rühre mit beiden Händen, wie in einem großen Topf.
Schau' dabei von rechts nach links und drehe deinen Kopf.
Such' einen Stock als Zauberstab
und zeichne dein Wesen damit ab.

Der Magier gibt auf Wunsch von Gästen
so manche Zauberei zum Besten.

Wolf

Flow, Flow
mieb Dnomllov negnilkre enied Neidolem

Zucke mit der Nase, als würdest du was riechen.
Müffelt etwas fürchterlich, dann lieber schnell wegkriechen.
Leg' den Kopf weit in den Nacken
und dann jaul' auf, aus vollen Backen.

Geht der Wolf beim Tanzen völlig ab,
fällt dem Chor die Kinnlade herab.

Hier kannst du deinem Wesen einen Platz geben